PEREGRINO DE LA LUNA

ExLibric

LORENZO FERNÁNDEZ FRANCO

PEREGRINO DE LA LUNA

EXLIBRIC

ANTEQUERA 2022

LORENZO FERNÁNDEZ FRANCO

PEREGRINO DE LA LUNA

*A mis hermanos Conchita, María del Pilar y Nano,
que se han hecho a sí mismos y han construido familias
ancladas en el esfuerzo solidario y el amor.*

*A mis sobrinos, portadores de la antorcha
del querer y dadores de vidas.*

*A Magdalena, lectora impenitente,
que con su generosidad ha sabido entender y valorar
mi peregrinaje vital con las armas del amor y la libertad.*

Presentación

Hay hombres que nunca envejecen, que siempre mantienen en su mirada una luz brillante que nos enamora. Esos hombres por muchos años que cumplan no tendrán nunca edad, siempre serán jóvenes. De esos hombres hay, además, unos cuantos (muy pocos) que físicamente ganan con los años, que son más atractivos en su madurez que en su juventud; hombres a los que el paso del tiempo les añade bouquet, les añade solera. Son hombres que, como el buen vino o el buen licor, ganan con los años cualidades a las que es imposible resistirse, que siempre tendrán eternas admiradoras y, por qué no decirlo, eternos admiradores.

Son hombres de mirada ardiente e intensa, con ojos de una luz abrasadora que a la primera mirada te seducen irremediablemente y para siempre, tengan el papel que tengan en tu vida, los veas poco o mucho, los veas todos los días, o tan solo una vez, porque esos hombres siempre serán eternos conquistadores de la imaginación, de la inteligencia y del alma.

Por eso, cuando lo conocí y sus ojos brillantes y claros, sus ojos color aceituna se encontraron con los míos, sentí como si fueran capaces de salvarme para siempre o de hacerme daño, un daño irreparable que me destruiría; sentí que irremisiblemente le querría y que jamás, jamás le olvidaría.

Y ahora, después de tantos años, sigue siendo para mí el muchacho del que me enamoré aquella noche. Pero no, digo mal. Ahora es mucho más que eso, porque ahora es más importante que mi vida y miles de vidas más que pudiese yo vivir. Ahora que lo amo con todo mi corazón y con toda la fuerza de que soy capaz se ha convertido en el ser al que he entregado mi alma para siempre.

Y por eso, porque lo amo y no soportaría perderlo, a ti, que tanto amas y has amado la vida, te pido por lo más sagrado de tu memoria que vivas años y años de bonanza, iluminando con tus ojos y tu espíritu a todos los que te rodean y te quieren. En tu voluntad está lograrlo, en ese will? que todo lo puede y que es la fuerza del espíritu. No nos abandones nunca, sigue siendo joven, porque no podríamos vivir sin tu mirada cálida, ardiente, iracunda o tierna. Y, además, tu pérdida, créeme, si es consentida, no te lo perdonaríamos nunca, nunca.

Magdalena

TANGO DEL ROSARIO

Dulzura,
poder infinito
tu mirada.
Todo tu ser,
armadura
que envuelve tu querer.
Poder ser
cuerpo desnudo
al amanecer.
Atadura,
alma de mujer
encumbrada,
descontrolada;
un rosario
a tu espalda
acuñado,
iluminada
desde mi campanario.
Sin vocabulario,
recorro tus labios,
levanto mi santuario.
Es tu querer
mi ser,
gozo por doquier.
Fiel,
Infiel.

Me vuelve loco
tu desnudez.
Cataratas
en tropel
se deslizan
desde tu cuerpo
a mi piel.
Una y otra vez
tu cuna
acuna
nuestro querer.
Es todo tu ser.
Volver, volver, volver,
con la frente marchita,
tras los pasos de Gardel.
Tu cuerpo y alma,
mi vergel,
en el que me siento renacer.
Mi tango
hecho mujer,
tu encanto.

GÉNESIS

De tu mirada limpia,
iluminada,
casi extasiada,
en murmullos de candor
brota esa flor,
gineceo encapsulado,
manantial de sensaciones.
Sin estupor,
se desliza el pincel,
sentimiento a flor de piel,
tu mundo de emociones.
Rojo,
sin sonrojo,
descapullado,
apasionado…
La vida a borbotones,
hogueras de san Juan.
Adiós a la primavera,
dama de corazones.

TURCA NOCHE

Contigo
y sin ti
no soy nada,
turca noche
enamorada,
a tu alma
anudada.

Sin ti
no soy nada,
turca noche,
casi madrugada
destrozada.
Ni un reproche.
El candil
se apaga,
llegó la alborada.
Las noches,
mil.
Todo se estremece
en mí.
El canto del almuecín,
las mil y una noches
en ti.
Tú eres
Serpil,

mi abedul,
mi almohada
en Estambul.

HACEDORA DE VIDA

Desperté al amanecer,
escuché tus susurros
y se calmó mi alma.

Desescombraste
mis miedos,
cimentaste
mis ilusiones,
armaste
mi sentir.

Contigo
construí mi vivir.
Madre,
en ti
la vida vuelve a renacer.

Infinita madrugada

Te marchaste
pensando y soñando.
En el Caribe
anidaste,
en una larga madrugada,
sin anuncios en el alminar,
sin almohadas.

Al final de la primavera
desgranaron tu cuerpo,
lo socavaron,
lo enhebraron y desmenuzaron,
para reinventar la vida;
lo anularon
desvanecido sin coartada.
En la nada
te marchitaste
con las albadas
de la tierra de la abuela,
la maña.
Ya de mañana,
esperanza encarnada
anuncia nuevas alboradas.
El Caribe vive
redibujado, iluminado…
Artesanos de vida,

cirujanos,
anudados,
siempre celebrando
la vida,
siempre viva.

Déjame marchar

Cuando no pueda querer,
cuando no te sienta,
cuando no me reconozcan
ni te reconozca,

déjame marchar.
Cuando no seamos
ni yo
ni tú,
y el nosotros
desaparezca,

déjame marchar.
Cuando no haya
ni hoy
ni ayer
ni mañana,
ni disfrute del campo al florecer,

déjame marchar.
Cuando olvide tu nombre,
se borren los horizontes,
pregunte dónde,
no haya noche,
tampoco día,

déjame marchar.
Quiero vivir.
Vive,
sé feliz
la eternidad.
Todo en mí es paz.

ALBUFERA: EVANESCENCIAS DE OTOÑO

*En la Albufera,
de la mano de Pessoa
y bajo mi mirada.*

El puerto que sueño
es sombrío y pálido,
y este paisaje
está lleno de sol por este lado.
Pero en mi espíritu,
el sol de este día
es puerto sombrío,
y los navíos que salen del puerto
son estos árboles al sol.

Dos veces liberado,
me abandoné paisaje abajo.
El bulto del muelle es el camino,
nítido y en calma,
que se levanta y se yergue como un muro,
y los navíos pasan
por dentro de los troncos de los árboles
con una horizontalidad vertical,
y van soltando amarras en el agua,
por las hojas, una a una dentro.

No sé quién me sueña.
De pronto, todo el agua del mar del puerto
es transparente y veo en el fondo,
como una estampa enorme
que allí estuviese desdoblada,
todo este paisaje, hilera de árboles,
camino ardiendo en aquel puerto,
y la sombra de una nao más antigua
que el puerto que pasa
entre mi sueño del puerto
y mi visión de este paisaje,
y llega junto a mí,
y en mí se adentra,
y pasa al otro lado de mi alma.

Si queréis que tenga un misticismo,
está bien,
lo tengo.
Soy místico, pero solo con el cuerpo.
Mi alma es sencilla y no piensa.
Mi misticismo es no querer saber,
es vivir y no pensar en ello.
No sé qué es la naturaleza: la canto.
Vivo en la cima de un otero
en una casa encalada y solitaria,
y esa es mi definición.
Al final,
de la mano de Pessoa,
como una sombra,

real,
reconstruida,
te dibujo,
te pienso
y soy.

Entre todos
renaces,
brillas,
y en el horizonte
te encuentro
iluminada,
fugaz.

Enlazados
a la albufera de la vida.

En la naturaleza
te encuentro,
confundida en mi mirada.

TE BUSCO

Te busco.
Ríos de deseos y anhelos
desbordan mi cuerpo.
Me siento muerto.
Te busco
y no te encuentro.
Transcurre el tiempo.
Desasosiego.
La vida a barlovento,
susurros al viento.
Sin apego,
a tientas,
te busco
y no te encuentro.
Un alma sedienta,
hambrienta,
sin tormenta,
siempre atenta.
Tu deseo aumenta.
A tientas,
te busco
y no te encuentro,
mientras
a los cielos cuentas.
Es madrugada.
Te busco.
La alborada.
Llegó la mañana.

CANTOS DE LIBERTAD: A LAS PUERTAS DEL OTOÑO

El otoño se acerca con muy poco ruido:
apagadas cigarras, unos grillos apenas,
defienden el reducto
de un verano obstinado en perpetuarse,
cuya suntuosa cola aún brilla hacia el oeste.
Se diría que aquí no pasa nada,
pero un silencio súbito ilumina el prodigio:
ha pasado
un ángel
que se llamaba luz, o fuego o vida.
Y lo perdimos para siempre.
Ángel González

Cantos de albada,
libertad:
nuestra alborada.

Tu vocabulario,
el escapulario
de pueblo,
hermandad.
Canto,
somos,
luchamos,

y siempre,
libertad, libertad, libertad.

Caminos de Hispania,
un pueblo en la mochila,
alforjas entre alambradas.
Limpia fue tu mirada,
regates a la mentira,
proclamas de igualdad,
de espaldas a la infamia.
El Ebro fue tu morada,
el corazón que abraza la mar,
y siempre,
libertad,
amar,
libertad,
Aragón,
Hispania,
la humanidad.

MI FARO, TU PUENTE

En la encrucijada,
Desfondada,
casi asustada.
Presente
en la mirada,
ausente,
invidente,
sediente.
Desenhebrada,
acunada en la nada.

En el silencio,
escucho tu fado
desenfadado.
Entre ríos y mares,
tu faro
iluminado,
norteado,
sin imanes
al cielo azul,
anidado
al sur.

Espero
un instante.
Sin desespero,

deshago este enredo.
Vivir,
no muero,
siempre adelante,
del norte al sur,
con luz y sin luz

Tú serás
del oriente
al poniente
el faro,
la luz,
el puente
viviente
del caminante,
la savia del abedul.

La sierra de Guadarrama: tu morada

Te fuiste, hermano,
cuando se marchan las golondrinas,
allende los mares,
cuando transmigran las aves,
cuando se cambian los días y las horas
en el ocaso del verano,
al final de los largos atardeceres,
en otoño.
La sierra de Guadarrama,
Cercedilla, Navacerrada,
mil veces caminada y andada.
Entre pinares,
tu almohada,
tu eterna posada,
tu morada.
Te encontraremos de nuevo
entre los pinares, veredas y cañadas,
en la sierra de Guadarrama,
desde Cercedilla hasta Navacerrada,
cuando en el desvelo
alojemos nuestra mirada.
El teatro de la vida,
inexorablemente,
abre y cierra el telón.

Se acabó la función,
Manolita Chen.
Una vez más,
baja este telón,
y en la caravana del tiempo
se sigue escuchando aquella canción.

¡Allez hop!
¡Titiritero, *allez hop!*
De feria en feria,
siempre risueño,
canta sus sueños
y sus miserias.
Julio, amigo, compañero,
nuestro adiós postrero,
La sierra será tu morada.
Tu presencia,
infinitamente añorada.

CINCO SONES

El del olvido,
un susurro del viento que se desvanece.
El de la presencia,
agua cristalina a tus pies.

El de la codicia,
tormenta de verano a barlovento.
El de la envidia,
alma anidada en el desván.

El son que amanece,
presencia sin ausencia,
sotavento una y otra vez,
la mar, la calma, una caricia,
el enterramiento de la inmundicia,
la honradez.

HAITÍ

Diosa, de aquí y de allá,
te olvidaste de Haití.
Luna y estrellas te han de acompañar.
Tu pueblo en orfandad,
un mundo al ralentí
vuelve de nuevo acá
con todos los *Orixas.*
Oxum, Ogum, Iansa,
a todas os quiero convocar.
Hagámonos hacia la mar.
Ogum, el mundo,
tu *terreiro,*
haz que el pueblo
sea el primero.
Iansa,
destruye
todo lo que obstruye,
construye.
Oxum,
entre lagos y riveras
haz renacer la primavera.
Omulu,
anciano del vudú.
Exú, salve.
Sarava, la cristiandad.
María, *Iemanja,*

acabad con la indignidad.
Aguas, ríos, montes, mar,
todos los *Orixas,*
hermandad.
Sarava, la nueva humanidad.
María, *Iemanja.*

ENAMORAR

Esta tarde me preguntaste:
¿qué es para ti enamorar?
Es sentir, pensar, amar,
estado de miseria mental.

Es mirar la luna
y verte en ella reflejada.
Es recorrer las estrellas
y verte con ellas anidada.
Mirar la mar
y confundir en su horizonte
nuestra mirada.
Subir al monte
y verte allí a mi lado acunada.

Enamorar es amar
y no despertar,
ni siquiera al alborear.

Enamorar es caminar
sin volver la cabeza atrás.
Es un solo respirar.
Soñar, soñar, soñar.
Esta tarde me preguntaste:
¿qué es para ti enamorar?

Es pensar, sentir, amar.
Es la gloria celestial.

Enamorar es ensoñar,
besar
y contigo despertar.

Enamorar es abrazar,
bailar
y contigo comulgar.

Enamorar es desnudar,
acunar
y a tu cuerpo me anudar.

Enamorar es hacer bailar a las estrellas,
agarrar la luna,
hacernos a la mar,
y siempre,
amar, amar, amar.

PENSÁNDOTE

No quiero enamorarme de ti,
pero sí deseo quererte.
Me gusta hablarte,
pero no quiero apabullarte.
Me gusta escucharte,
pero no quedarme ensimismado
escuchándote.

Quiero que la palabra fluya,
confundir mi palabra con la tuya,
pensarte, pensándome.
No quiero enamorarme de ti,
pero sí deseo quererte.
Me gusta sentirte,
pero no quiero poseerte.
Anhelo tenerte,
pero deseo la libertad para ti.
Deseo acariciarte
y confundirme en tu mirada,
y dejar nuestras almas anidadas.
No quiero enamorarme de ti,
pero sí deseo quererte.
Temo perderte.

HELMÁNTICA:
EVOCACIONES PEREGRINAS

A la deriva por el tiempo.
Vidas en fragmentos,
ausencias,
plegarias al viento,
anhelos del sediento,
es su presencia.

Perfiles entre nubes,
todo un mar de abedules,
cabalgan sus recuerdos.
El tiempo, un momento.
Azules, aquellos viejos enebros,
días a contratiempo.
Anidadas a nuestro cerebro,
querencias.
Ser sin inmanencia,
transcendencia.

Como brotes de olivo,
las vides,
el Duero,
Leganés,
coro agustino.
Caminando a cien pies,

la vida al revés.
Helmántica ayer.
Recorriendo los caminos voy.
El Escorial hoy.
Rebelión frente al olvido.
Un nuevo amanecer,
como un manantial,
al Tino veo renacer.

Es Navidad,
tiempo de amistad.
Allá, en la flecha,
por el Tormes
nos hemos de perder
en sendas sin vía estrecha.
Su bondad amad.
Es la única verdad,
el vergel.

Peregrinos,
agustinos,
siempre sublime
el Tino,
nos redime
en este cante peregrino.

HORIZONTES

Cuando te miro,
veo la alborada.
Cuando te sigo,
amo la vida.
Cuando te extraño,
anhelo la madrugada.
Al contemplarte,
adivino el firmamento.
Al llamarte,
sobrevuelo los vientos.
Al pensarte,
te siento.

Mirar, caminar,
pensar, sentir.
Toda una sinfonía,
tu vida.

LA VIDA ES MI CANTO

Vienen otras miradas y otras voces.
Viene otra gente en el río.
Vienen otras hojas de repente en el bosque.
Todo es otra cosa.
Nada vuelve.
Se fueron los caminos.
Se fueron los minutos y las horas.
Se alejó el río para siempre.
Como los cometas que tanto admiramos.
Desbordará mi corazón sobre la tierra.
Y el universo será mi corazón.
Vicente Huidobro

La vida es nuestro canto,
el agua que nos lleva.
No sé si la mar espera
o el alma desespera.
Es mi llanto la luna nueva.
Mayo, mi quebranto.
Que el azul del cielo
me cubra con su manto
en el nuevo vuelo,
en la fracción del tiempo,
sediento de vida llena.

CANTOS DE SIRENA

Eterna, ensortijada,
siempre admirada,
a los cielos anidada,
una balada,
cantos de sirena
al mirarla,
al sentirla,
al acurrucarla,
es la paloma de mi alma.

Aromas de jazmín,
de albahaca,
azahar sin donaire,
es su aire.

Un canto de colibrí,
mi hamaca,
mi frenesí.
Las mil y una noches,
sensaciones mil,
es el sentimiento cautivo por ti.

Cielos y tierras,
cantos de sirena,
cantad conmigo desde la mar
y desde la arena.
Esta es mi alma
en pena por su sentir.

RESURRECCIÓN

Resurgir entre cenizas,
rienda suelta a la risa.
Abre tu alma a la brisa.
La vida es un compás,
una sonrisa.

Un paso adelante,
ninguno atrás,
el lema del caminante.
En tu voz, un cante:
avanza un día más.

La noche anuncia el día
Llegará el mañana.
Desde tu ventana
oirás la melodía,
el espíritu de una fontana.

Paso esa triste semana
entre penas y desolación.
Escucha este murmullo, hermana.
Mi verso y mi canción
anuncian tu resurrección.
Es tu conciencia humana
la que en la semana
te ha hecho pensar,

cortando tu respirar,
frenando tu caminar.

Es tu alma peregrina
la que te anima,
tu autoestima.
Andar, andar, andar
es tu resucitar.

No más melancolía.
La vida, una aporía,
comunión,
en armonía
resurrección.

PINCELADAS DE LA NADA

Se me hiela el alma.
Una mirada.
Las sendas de la nada.
Aquella canción
desafinada,
airada.
Una mente perdida
en medio de la madrugada.
No eres nada.
Un corazón escindido,
dolido,
encogido,
ahogado en el olvido,
entre el ser y la nada.
El hombre sin nombre,
una identidad, la del cautivo.
Sombras, sombras.
Tu alma
fue mi posada.

EL ABRAZO DE LA LUNA

Juntos en un abrazo,
sensaciones por doquier.
El cuerpo se estremece,
me siento enloquecer,
morir en tu regazo
sintiendo tu querer.
El cuerpo que envejece,
mientras mi alma crece.
Los sentidos, en mil pedazos,
me hacen renacer.
Cuentos peregrinos.
Mi vida es el camino
de un nuevo amanecer.
Nacer fue mi destino;
vivir, el desatino;
andar, no envejecer.
Un nuevo oasis adivino
en medio de la duna,
peregrino de la luna,
bendita la fortuna
que te hizo enmudecer.

PRÓDIGOS

En brazos de la nada,
perdidos en la madrugada,
dedos sedientos,
envueltos en caminos polvorientos,
aullando quebrantos en la noche,
añoranzas de alborada.

Almohadas empapadas,
corazas quebradas,
allá quedaron montañas y quebradas,
fortalezas, destinos y amoríos a destiempo.
Hombres y mujeres sedientos,
anhelos encogidos en el tiempo.

¿Dónde detener esa mirada?
Sus vidas, una encrucijada,
mentes enturbiadas
de la noche a la mañana;
la mujer, Eva, la manzana;
el hombre, Adán, vientos de tremontana;
en el horizonte, la morada.
Buitres en desbandada,
cantos de peregrinos,
lienzos entre nubes azuladas,
montañas de la tramontana,
tremontana, de norte a sur.

Soles en disparada,
doncellas en la Alcazaba,
fortalezas del alma embadurnadas.
Mares y cielos sin destinos,
casas añoradas.
El retorno al Padre
en los infinitos de su morada.

ZÁBILAS DE PRIMAVERA

Horadar el tiempo,
inmortalizar el instante.
Quebrantos a contratiempo,
pasajes de abetos y abedules,
sueños de amante,
es tu momento.
Sombras del otoño,
flores de primavera,
su alma espera,
desespera,
el espíritu inquieto atempera,
aloe vera,
frutos de madroño,
embriagado en su quimera.

Cielos azules,
estrellas y lunas,
sin firmamento.
¿Una vida, un cuento?
Ese instante en su pluma,
segundos en el tiempo.
Vive el momento,
aloe vera,
zábilas de primavera.

NOCHE BUENA, VIDA NUEVA

Parece que fue ayer.
Casi cincuenta años
sin amaños.
Con la amenaza de los mozos y el caño
viniste a aparecer.
Desde el pilón,
sin desfallecer,
madrileño y picarón,
armaste tu querer.

Con porte jovial,
juguetón y risueño,
tras los pasos de Iglesias,
Rafael y Gardel,
entre sueños,
siempre leal,
como un vendaval,
celebraste la primera Navidad.

Pasaron días y años,
qué más da.
Hombre real,
sin engaños,
tozudo como el que más,
siempre al compás,
Sandalio, viajero,

caminando sin esmero.
A tu lado
María Pilar,
descubriendo senderos.
Tus hijos,
los primeros,
sin perder comba,
culminando
una y otra vez
en Covadonga.

Llegó diciembre,
Navidad.
Tus nietos,
inquietos
en orfandad,
te vienen a recordar.
Abuelo,
vive en paz,
con la abuela
vamos a estar,
y a los Reyes esperar.
Vive en paz.
Con nosotros,
la antorcha de tu caminar.
Es Navidad.

ERES, SOLO VOS

Mi luz al despertar.
Mi pensamiento.
Mi mirada caminando.
Mi posada.

En mi llanto,
tu abrazo lento.
Siento tu aliento.
Espero un momento.
Te siento muy dentro.
Deseo parar,
detener el tiempo,
que vuelva Peter Pan.
Léeme el cuento,
mamá.

Volver a soñar.
Te quiero acariciar,
Volar, vibrar.
Te amo, mamá.

Esto no es cuento.

OTOÑO REVISITADO:
ABRIENDO PRIMAVERAS

Cerezos en flor
avistados en una primavera,
iluminados, ensoñados,
hibernados en la memoria,
acunados en el sentimiento
y desplegados en otoño,
llegaron a mí
en una noche de luna y de deseo.

MÉNTRIDA, BERCIANA Y LA ERMITA

Nieto de panadero,
criado entre la tienda
y el cocedero.
Méntrida,
en la emboscada de camineros,
Danzante
entre los Francos
el primero.
¡Qué extraño es este sendero!
Camino del Prado,
Valdiguera,
La Dehesilla…
Entre viñedos y encinas,
entre barrancos,
la pradera de Berciana,
floreciente y reina
en primavera.
Un pueblo entre quebrantos.
El 25 de abril,
a las 8 de la mañana,
sale la Virgen María
camino de Berciana.
Un año y otro,
más de mil,
mi pueblo vuelve a lucir
en sus fiestas de abril.

OLIVIA

En las penas de tu dolor
florecieron las lágrimas de tu querer
Nació la vida
aquí,
allí,
por doquier,
con estremecimiento,
siempre con amor.
En ese eterno volver
anida,
enhebrado en porvenir,
ese sentimiento de ir y venir,
de haber estado allí,
de ser,
de estar aquí.
Vivir.

33 DÍAS Y UNA MADRUGADA

Me duelen tus ausencias
en las presencias
sin sentido,
indefinidas.
Alucino,
alucinas
sin atino.
A veces,
la vida es un timo.
Temo no tenerte,
al margen de las audiencias,
solo tu presencia,
con desasosiegos,
sin aquiescencia,
somnolencia
sin consciencia.
Bendita sea la ciencia,
con inocencia,
sin mercadotecnia,
frente a la impotencia
del que sabe
que nada sabe,
que vivimos en una nave,
buscando presencias:
las tuyas,
las mías,

las de los nadie
que nos dan la identidad
de la fraternidad,
de la solidaridad.
¡Qué más da!
Solo tu vida,
la de los demás
la humanidad.
Se acabaron las *Juninhas*.
Que suene la *bossa nova*.

CANDELA

Hija de la Pachamama,
Perú en la mirada,
de vidas ensoñadas,
enlazadas.
Candela, acunada,
deseada.

Llegó el mañana.
Ni hoz,
ni hazaña.
Nunca con saña.
Almas generosas,
Solidarias.
El martillo.
Este es el ovillo
Quechuas,
aimaras,
almas embalsamadas
en una misma caminada.

Sonó su voz.
Volaba el cóndor.
Llegó la Mamacha Candelaria.
Incas, vía campesina.
Eterno Titicaca.
Desde las cumbres andinas,

en la Amazonia arropada;
de la selva enraizada
al reino andalusí.
El Mediterráneo
y su ribera iluminada
son las hogueras de san Juan,
el canto de *Iemanja*.

Y se fueron al Pilar

Confinados,
aturdidos,
abatidos,
casi esclavizados.
Allí estaban ellas y ellos,
encerrados,
sin familiares,
a veces entre pinares
y olivares,
asustados.
Fue el coronavirus
su cautivo.
Como almohades
abandonados,
sin dioses,
en pandemia,
resistentes
en sus taifas.
Resilientes,
se levantaron
sin atender a edades.
Se fueron al Pilar
como viejos combatientes.
Oraron a la Pilarica.
Las mujeres primero,
los hombres postreros,

todos con esmero,
dispuestos a caminar
de la mano de su Virgen del Pilar.
El Ebro guarda silencio.
Es mi canto popular.

En la prisión del deseo

Dormito sensaciones
en la prisión del deseo.
Acuno mi alma
desesperada.
Un mar de emociones,
sin alucinaciones,
apasionada,
La vida es un tebeo.

¿Será la nada?

Cantos en la mañana.
Vivimos en disparada,
abriendo encrucijadas.

Índice

Presentación 11

Tango del rosario 13

Génesis 15

Turca noche..16

Hacedora de vida 18

Infinita madrugada 19

Déjame marchar 21

Albufera: evanescencias de otoño................23

Te busco 26

Cantos de libertad: a las puertas del otoño 27

Mi faro, tu puente 29

La sierra de Guadarrama: tu morada 31

Cinco sones 33

Haití..34

Enamorar..36

Pensándote...38

Helmántica: evocaciones peregrinas............39

Horizontes..41

La vida es mi canto 42

Cantos de sirena..43

Resurrección 44

Pinceladas de la nada.....................................46

El abrazo de la luna..47

Pródigos 48

Zábilas de primavera 50

Noche buena, vida nueva 51

Eres, solo vos 53

Otoño revisitado: abriendo primaveras 54

Méntrida, Berciana y la Ermita 55

Olivia 56

33 días y una madrugada 57

Candela 59

Y se fueron al Pilar 61

En la prisión del deseo 63

Sobre el autor

Nacido un 14 de febrero en los años cincuenta, en el castizo barrio madrileño de Lavapiés, Lorenzo Fernández Franco pasa sus primeros años de infancia en Méntrida, pueblo vinícola castellanomanchego. A partir de ahí, inicia un largo peregrinaje de estudios y trabajos que le lleva por varias provincias españolas y por tierras latinoamericanas y europeas. Estudia y es profesor, primero en los agustinos y después en varias universidades brasileñas, acabando en la Universidad Complutense de Madrid, donde se jubila siendo profesor de Sociología.

En este peregrinaje vital se va empapando de realidades, de vivencias y personas, siempre norteado por la libertad, propia y de las demás personas, por su identidad y por la solidaridad. En sus aprendizajes, interioriza su ser y dimensión planetaria de la vida, apuesta por las acciones no violentas y por la defensa de los derechos humanos. Serán todos ideales, aupados por «el ama y haz lo que quieras» y una cierta bohemia, los que impregnan cada uno de sus versos, sin la pretensión de ser poeta.